我是照顧者

與摯愛親人告別篇

米奧——著

我是照顧者

與摯愛親人告別篇

Contents

第1章

告別練習

媽媽的牽掛

爸爸離世後僅僅數年，
媽媽就因為經歷各種疾病…

而快速衰老了。

「媽媽…
也許即將離開我們。」

我和姊姊都
領悟到了這一點。

我們想起爸爸臨終時的
譫妄症狀…

那時，
所有未完成的願望、
過往的遺憾與傷痛…

都變成了他的惡夢
糾纏著他。

爸爸是突然罹癌，
半年內就匆匆走了，
我們來不及預先為他做什麼…

但是，
媽媽一定還來得及。

要是想讓媽媽
走得平順一點，
也許…

我們可以試著減少
媽媽的遺憾？

也許……
可以從讓媽媽
見見「重要的」
老朋友開始。

媽媽！
妳老實告訴我們…

咦？

媽媽血壓上升
心跳加速

初、
初戀情…

沒、
沒有那種東西！
我只有妳們爸爸
而已啦！

孝親行動失敗

沒有喔…
真無聊…

真〜〜的沒有嗎？
真〜〜的嗎？

沒大沒小！

那有沒有
很久沒見面的
老朋友呢？

因為住很遠，
很難見面之類的…

唉唷〜
我那幾個朋友，
就住在鎮上，

出去大排檔喝個茶
隨便都會遇到！

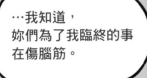

…我知道，
妳們為了我臨終的事
在傷腦筋。

放心吧！
我不怕死！

大部分我認識的人
和妳們的爸爸…
都已經到了另一個世界…

有一天我死了，
就能再見到他們了！
那一定是件開心的事！

我年紀也大了，
身體也越來越
不好使了…

假如我真的到了那一天，
你們就不要再救我了！
我已經…準備好了！

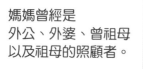

媽媽曾經是
外公、外婆、曾祖母
以及祖母的照顧者。

我相信她當然瞭解
什麼是死亡。

但她能像這樣豁達不避諱，
和我們侃侃而談，
真的讓我非常驚訝⋯

⋯⋯

同時，
也讓我更加佩服媽媽了。

果然⋯⋯
我的媽媽就是
如此地勇敢⋯

道愛、道歉、道謝

雖然媽媽說，
她已經準備好面對
自己的死亡了…

但為了讓媽媽、
也讓我自己更無遺憾，
有些事情我認為是
可以提前做的。

譬如臨終道別時的
三件要事——
道愛、道歉、道謝。

要是拖到老人家
快離開前夕才說，
說不定她已神智不清，
無法理解。

何不趁親愛的家人
還清醒健在時說呢？

媽～媽～

我愛妳～

又來了～
真肉麻～
晚餐想吃什麼？

對我來說，
對媽媽道愛並不困難。

因為我曾陪伴媽媽
經歷癌症療程，
一起走過死亡的幽谷。

在成長過程中
曾有過的疙瘩
早已化解了。

015

這裡提供一個
容易說出口的方法——

媽媽！
我要買那個玩具！

不管不管！
我要買！

陪媽媽看電視時，
如果演到類似的劇情，
就是個好機會喔！

媽媽，
我今晚要跟妳睡～

又來了～
為什麼我女兒
都長不大呢？

至於剩下的兩件事
道歉與道謝…

媽媽，
我小時候好像也
那麼不懂事耶…
對不起…

沒有啦…

電視劇——

尤其是婆婆媽媽
最愛的鄉土劇，
在這種時候真的
很好用。

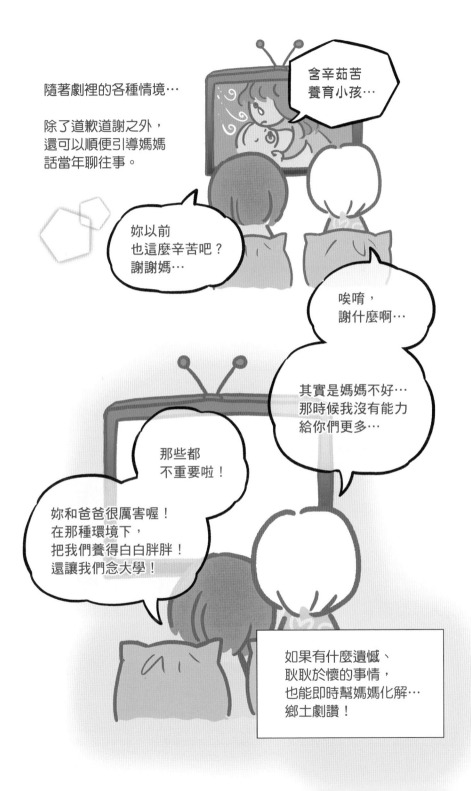

不過，
給媽媽看太多鄉土劇…

也要小心**副作用**喔！

台灣是不是流行
這樣用橘子？
甘安捏？

媽媽
學壞了…

我媽是便祕星人

我媽個性開朗、
勇於學習新事物…

是個容易相處的
可愛老人家。

媽媽！
吃飯了！

但是…

真拿她沒辦法…

不過，
這有關偏食的
一切…

其實有些
似曾相識…

有時候…
我覺得生命像是
一個迴圈。

以前，
媽媽是大人，
我是小孩。

現在我是大人了，
媽媽卻變成小孩。

以前，
媽媽用她的愛，
終於找到了讓我吃
紅蘿蔔的方法。

咖哩裡面的
紅蘿蔔好好吃！

對吧！
就跟妳說很好吃吧！

太后～
至少吃點水果吧
嗚嗚嗚…

現在，
我使出偷藏拐騙
加上哀兵策略，
好歹讓媽媽不至於
變成便祕星人。

唉唷哭什麼啊！
好啦好啦，
至少水果不難吃。

以前媽媽愛不懂事的我，
現在我寵溺頑固的媽媽。

生命的迴圈於是圓滿了。

這輩子媽媽給我的愛…
但願我能償還更多…

第 2 章

照顧者＝女性？

斷念的盼望

在媽媽的最後幾年當中…
她生過幾場大病。

唯有其中的一次，
我沒有回家照顧她。

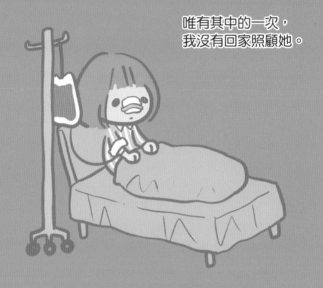

因為那個時候，
我剛好要動呼吸道的手術。

就是上次照顧爸爸時
徹底弄壞的呼吸道，
到了必須要手術的地步。

做完手術之後，
也需要幾個月的
觀察與回診。

照顧的重擔就全部
落在姊姊身上了。

於是，
我只好選擇缺席。

那個時候…
我內心其實暗暗地
期待著——

當照顧主力的我不在時，
如果看到姊姊分身乏術，
之前沒盡過責任的哥哥
也許…會回來幫忙？

這是我最後一次
有所期待。

結果，
期待仍然落空了。

是我太傻了，
才會抱著最後一絲希望。

姊姊也不曾抱怨過什麼，
只是默默接下了重擔。

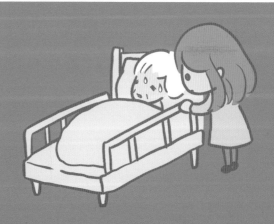

我和哥哥姊姊
差了將近十歲，

其實…

我是希望姊姊
如果撐不下去，
可以發聲的。

姊姊講話，
從小就比老么的我
更有份量。

但她還是什麼都沒說，
默默地接下這個社會──

「女性必須當照顧者」…
這個「傳統」的桎梏。

她不只要照顧媽媽，
還要照顧家公家婆、
丈夫和小孩，
然後還要工作…

最後果然…
自己累倒了。

然後…
這時她終於說話了,
但這話卻是對我說的。

妳這次都沒回來…

什麼?
妳埋怨我
唯一一次的缺席…
卻完全不去責備
從來不在的哥哥?

我想…
也許這個家只有我…

只有我一個人察覺了
這個社會的「傳統」…
是不對勁的事吧…

不過，
我並不怪姊姊。

她只是對我訴苦⋯
因為只有我會心疼她。

我一個人⋯
嗚嗚⋯

對不起！
我下次一定回去！

而且我也沒有那個膽量⋯

誰敢在這種時候挑起家庭革命？
讓媽媽承受子女不和的晚年？

我們好不容易
才讓她開開心心的啊⋯

所以⋯
算了吧！

到這個時候，
我已經當作自己
沒有哥哥了！

我只知道⋯

**我愛我媽，
我也愛我姊。**

自己的媽媽和姊姊，
不需要靠任何人…

以後就由我自己來保護。

渡人，渡己

那些無數個在醫院
照顧的夜晚中⋯

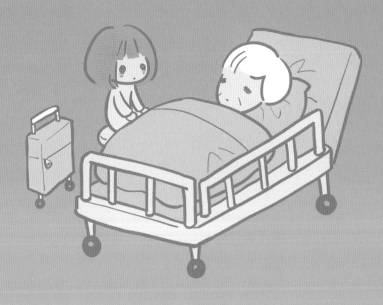

我還記得我和媽媽
曾有這樣的對話⋯

咦…？

媽，
妳醒啦？

怎麼是妳…？
妳不是回台灣了…

我又回來啦！
剛下飛機。

什麼？
剛下飛機…？

妳應該要
在家休息…
唉…

媽，
不用擔心，
我從小就是
夜貓子啊！

我都很晚睡的，
妳忘記了嗎？

其實…
經過照顧爸媽的這些年，
我的身體早已大不如前，
不能再熬夜了。

不過這些…
媽媽不必知道。

又是妳一個人
來醫院陪我…
不是妳就是姊姊…

我兒子太過分了…
對不起，
我是個失敗的媽媽…
所以他才不要我…

媽～
別這麼說！

哥工作忙，
但他有幫忙
出醫藥費啊！

雖然媽不知道
我那個傻姊姊
出得更多更多…

我希望媽媽能肯定
自己的這一生。

所以…
我從來不在她面前
說哥哥的壞話。

媽媽，
妳的兒子很成功，
他的公司生意很好！
這都是妳的功勞！

妳是個好媽媽！
他比較不會表達，
妳別怪他！

是這樣嗎…？

善終由天定，善果由人定

我的爸爸一生善良，
喜歡幫助別人，
是個就算自己吃虧吃苦，
也不願傷害別人的憨厚農家人。

但最後……
他的臨終竟然這麼淒慘。

我不知道…
經歷過這麼一場
極度痛苦的修行後，
爸爸的靈魂有沒有
得到圓滿的結果。

我只知道…
他最後在世間的時候，
沒有得到一個善終。

人們所說的
善有善報惡有惡報呢？
那時我覺得憤恨不平
又十分悲傷。

現在…
媽媽也許也即將到達
最後的階段了。

我的媽媽
當然也是個善良的人。

而且在那樣的年代，
女性一生為了家庭，
必須犧牲很多很多…

這些我全都看在眼裡。

但是我也不敢確定，

神到底…
願不願意給她一個善終？

嗯…

不過…
現在我想通了。

如果沒有善終，
媽媽至少應該要
得到善報。

而我可以靠自己
讓善報發生。

我會當一個…

只有她有需要，
就飛奔回來的孩子。

我會當一個…

逗她開心、
讓她晚年笑容常開的孩子。

我會當一個…

握著她的手直到最後，
絕不讓她寂寞的孩子。

就讓我來成為
媽媽的善報。

如果我所做的這一切，
能夠匯聚成一個善果…
我什麼都願意做。

因為她是我最愛的媽媽。

關於爸爸的臨終…

還有一件事情,
讓我有所遺憾。

可能是因為爸爸
歷經過戰爭與飢荒…

我一直到
十幾歲的時候，
都還沒有辦法
每天吃飽！

「貧窮」
曾深深傷害他的心。

所以在他臨終時，
這段傷害便化作
對金錢異常執著的譫妄呈現。

那時的譫妄景況…
無論是對他或對我，
都有如地獄一般。

我擔心的是…
同樣經歷過那個年代的媽媽，
是否也將有那樣的譫妄？

關於這個…
我該怎麼幫媽媽化解呢？

家用嗎…
但這太多了啦！
為什麼啊…

我的書最近賣得很好，
賺得比較多啦！
媽媽有什麼想買的
就盡量買吧！

這是謊言。

事實上那些年…
出版業銷量雪崩，
我這種小咖，
狀況就更慘…

但因為我是阿宅，
除了買書沒什麼其他物慾，
平常也不太花錢，
所以還是有辦法
硬擠一點錢出來。

只要這筆錢
能讓媽媽開心，
我也就開心了！

我哪有什麼
想買的…

媽媽～
買嘛～買嘛～

偶爾奢侈一下
不要緊嘛～

使出迷惑媽媽之術！

看來…
媽媽的錢財塵緣，
早已自己修完。

但她把自己小孩
餵胖的興趣，
倒是始終如一，
從來沒有改變過。

妳最近瘦了！
給我全部吃完！

只有妳覺得
我瘦…

明天我們去吃
妳喜歡的××餐館，
晚餐再去○○餐館…

結果這筆錢
紮紮實實回到我身上，
變成了我的肥肉。

下個月我給媽媽的家用
便恢復正常金額了。

第 3 章

面臨失能危機

媽媽年老後，
每逢外出時⋯

都會把手搭在我的肩膀上，
倚著我前行。

而我…

則會把手攔在她的身後，
以防她突然跌倒。

我是媽媽的防護欄，
也是她的第二根拐杖。

我想我會永遠記得…
她倚靠在我肩上的
那股重量。

有一點點重，沒關係。
畢竟我還年輕，
承擔得了。

我因此必須走得很慢
也沒關係。

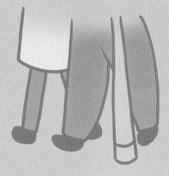

如果可以，
我願意永遠就這樣
配合著她的步調、
陪著她慢慢地走。

媽媽啊…
我們永遠在一起…

走遍天涯海角，
一起看許多世間繁華吧！

但是…

媽媽經過一場又一場的重病後，
我所不願意看到的事情…
終究還是發生了。

該來的，
終於要來了。

問題不是一天
造成的。

媽媽經過
一次又一次的重病,
由於經常長期臥床,
導致肌肉萎縮…

最後雖然病好了,
但因為所謂的肌少症,
她沒有辦法再站起來、
也沒有辦法走路了…

其實我早就知道
這個可能會導致老人失能的
危險因子。

也知道其實可以
用多吃蛋白質和
多運動來預防。

但媽媽…
不會完全聽我的話。

媽媽平常雖然最喜歡吃肉，
但喜歡的都是高脂肪的肉類。

媽媽，
要不要試試看雞胸肉？
我做得很入味喔！

我討厭雞胸啦！
五花肉最棒！

再加上她的食量
一年比一年減少，
蛋白質攝取量遠遠不足。

媽媽啊！
看電視的時候，
像這樣把腳抬起來動一動，
對身體很好喔！

……

我也常常鼓勵她運動。

敷衍動兩下

做完了，
好累喔…
不做了。

我也不可能勉強媽媽。

於是，就這樣…

最後媽媽還是失能了⋯
無法再自理自己的生活。

我無法把我所學的現代知識
教給媽媽、幫助媽媽，
導致這個結果是我的遺憾。

不過⋯
誰又能躲得過衰老
與死亡呢？

也許⋯
這也是無可奈何的
事情吧⋯

我買了機票，
連夜趕回家鄉。
心裡百感交集…

媽媽…
該有多麼難過？

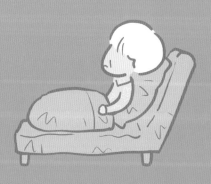

她再也無法走路了，
從此以後只能被困在
一張小小的床上…

生活大小事
全都不再能
自由作主…

光是想像，
我就覺得這樣的處境
好可怕。

然後，
在我心中還有
另一層恐懼——

媽媽現在需要
更貼身的照顧與陪伴，

我……
是否該長住在家裡呢？

那麼我自己的生活，
會變成什麼樣子？

這意味著我可能要放棄
自己的工作與夢想…
也不能經常和老公在一起。

我要完全拋棄自我、
為了另一個人而活嗎？

這樣的生活，
我能承受多久？

我反覆嚼著
各種不安與忐忑…

在旅途中，
一次也沒有闔過眼，
設想了許多問題…

但天亮了，
我卻依然沒有
找到任何答案。

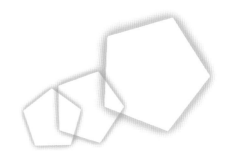

是啊…
根本不需要擔心，
因為我還有堅強的
媽媽和姊姊！

我們會一起
想出辦法…

那天晚上，
我和媽媽一起睡，
我們談了許多…

就算老公對妳很好，
也絕對不要放棄自己的工作，
要能自己作主！知道嗎？

是…

媽媽說：
要獨立自主、
要自由飛翔。

我會終生記得
媽媽對我的期望…

但我還是在心裡
暗暗下定決心——
接下來要更常在家。

因為這次我
有一種感覺…
媽媽的時間也許
真的不多了。

我的感覺沒有錯。

大約三個月之後，
媽媽就離開了。

今晚她對我說的話，
變成了臨終的叮嚀。

第 4 章

漫漫照顧路

與天使相遇

經過那晚的深談後，
我和姊姊便開始
為媽媽尋找幫手。

經過了一段時間，
我們幸運地請到一位天使
來幫助我們。

這位是娃蒂，
來自印尼。

assalamualaikum！

她曾在新加坡醫院工作過，
熟悉幫助失能老人的方法。

找到有能力的幫手，
真的非常難能可貴！

因為家鄉的聘請名目
就只有「幫傭」，
這裡是個想請「看護」
也沒有的地方。

她扶媽媽起來的手法，
比我好多了！

由於媽媽晚年經歷過
好幾次重大的疾病，
其實我們已是第三次
試著聘請幫傭了。

但前兩次的結局
都不太好。

第一次請來的那位，
起初一切都很好…

但後來她開始對媽媽不耐煩，
動作也變得十分粗暴，
甚至還在媽媽的食物裡加東西。

「這樣老人才會聽話。」
——她如此說。

我媽是個超溫柔的老人家，
甚至還有些過於忍氣吞聲…
為什麼要這樣對待她？
我真的想不通。

於是這位不適任，
便讓她離開了。

第二次請來的那位，
則是從一開始就無心工作。

請問可以
給我水嗎…

滑手機～

我們請仲介跟她溝通多次，
短時間內雖然有改善，
但不久後又故態復萌。

某天她竟然…
逃走了。

誇張的是…

她逃走之後，
還在FB上貼出自己
化了大濃妝的照片說
「我自由惹！」

姊姊回她「妳為什麼要逃走？」
她便馬上封鎖了我的姊姊，
從此音訊全無。

因為幫傭逃跑了，
我們家還要被政府罰款。

決定請人之前，
我們都有仔細看過履歷，
這兩位的幫傭都擁有
照顧過老人的經歷…

事後看來，
或許那些履歷
全都是假的吧？

家鄉的仲介費用
其實比台灣還高，
結果…
卻是無言以對。

但有什麼辦法呢？
這裡是長照沙漠，
資源就只有這樣了…

幸好⋯
最後我們找到了娃蒂。

兩次不愉快的經歷後,
最後終於有了好結果,
尤其這次遇上的是最重要的⋯
媽媽的臨終照顧一仗。

我們總算有人可以幫忙,
上天也算是眷顧我們家了。

娃蒂來了之後，
便和我們一起照顧媽媽。

我們有一本日程紀錄簿，
幾點幾分餵飯、餵了什麼藥、
媽媽的狀況如何——

我們會寫得清清楚楚，
方便接手的人隨時瞭解。

但媽媽失能之後，
狀況還是逐漸惡化了。

媽媽又進了一次醫院，
回家之後因肺部功能低落，
必須要戴呼吸器。

有一天⋯
她終於放下了
從沒放下過的
手中的遊戲機。

不知道為什麼⋯
沒什麼精神玩呢⋯
可能過幾天再玩吧⋯

這也許⋯
是個徵兆吧？

到了這個地步，
我覺得在照顧她的工作中
最困難的部分⋯

就是餵她吃飯。

因為能清楚看到
她的食量日漸減少。

這樣是不是吃得
比家裡的貓還少
啊……

就算有補充營養品，
還是怎麼看都不太夠…

但媽媽吃的藥，
卻一天比一天多…

每次看她大口大口地…
把藥吞下去…
我都覺得很難過…

每餵媽媽一次飯…
我就難過一次。

每一匙都是艱難…
都是提心吊膽…
都是期盼了又失望。

但媽媽她…

依然總是對我露出
開朗的笑容…

所以…

所以我也會對她
展露出我的笑容。

絕對不會讓她知道
我在難過。

…我能再守護媽媽多久呢？
我不知道……

但我會珍惜現在…

媽媽失能之後，
狀態日漸惡化。

但她是否已經到了
最後階段呢…？

我家婆就曾告訴我，
她的父親失能之後，
足足臥床了八年，
才離開這個世界。

這件事…
沒有人可以做出
準確的判斷。

我和姊姊決定
無論如何…

相較於爸爸臨終時，
我們的不知所措和慌亂，

這一次我們要用更成熟、
更懂得保護及照顧彼此的方式
來面對。

所以…

我們姊妹會一起
去美容院舒壓。

也會一起外出吃美食，
或是確保自己
經常擁有什麼小樂子。

長照——
是一條通往衰亡與別離的
漫長道路。

為了避免比長輩先倒下，
我們要懂得苦中作樂。

越悲傷越要打開心門，
走出去，以美好的事物
讓自己身心平衡。

媽媽！
我們回來了！

呵呵！
做完臉之後
有變漂亮喔！

最重要的是…
我們看起來開心也是
媽媽所希望的。

我們姊妹決定用成熟的心態
迎接無常。

照顧好媽媽的同時，
也照顧好自己。

我們一家人開開心心，
但是…

我們過得好，
竟然讓某些人
不開心了!?

我們有個遠房親戚…
某天她來探訪媽媽，
剛好我們姊妹外出放鬆
而不在家。

我們回來時，
只見她臉色很難看…

……

啊！表表姑媽！
您來啦？

這些年來…
我們付出了多少、
犧牲了多少，
有人知道嗎？

不，
妳不知道，
因為妳一千萬年
才來探訪一次。

當我們過度勞累時，
有任何人來幫忙嗎？

不，
妳只會出一張嘴，
而且還是詛咒的、
惡毒的嘴。

其實我知道…
會覺得照顧者出門放鬆
就是不孝表現的人，
一定從來沒有經歷過
長期照顧。

沒關係的，
基於晚輩的禮貌，
我也不會頂嘴。

因為我早就決定好…
這種負能量親戚，
等我媽離開之後，
我就會跟他們斷乾淨。

親戚也是需要
斷捨離的。

如果沒有真正的關心，
血緣又有什麼重要呢？
人過了中年之後，
就不要再勉強自己了吧！

但姊姊…
她比我大十歲，
那個世代的女性
還是比較傳統。

她還得在這個鄉下生活，
一定比較難放下這些…

沒關係，
我會用我的餘生，
慢慢把姊姊「教壞」。

總有一天，
希望姊姊也再也不會
受到那些人的傷害…

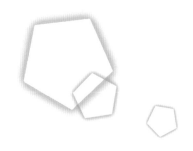

隨著時間
一天天過去…

雖然媽媽還是不能走路，
但她的各項數據都正常，
有時甚至還能拿掉呼吸器。

最近媽媽
是不是變胖了？
好像有點圓潤…

好像是耶！
要多鼓勵她
動一動了！

媽媽的狀態，
似乎終於穩定下來了。

但就像是
作為交換似的，
我的狀態卻開始
變差了。

我又…
開始睡不著了。

最近，
我開始感受到
經濟壓力…

媽媽的醫藥費、生活費
和看護費都不少…
雖然是跟姊姊一起分擔，
但我長期都住在家鄉，
工作量少了一半以上…

而且我有多久
沒見到老公了?

這些年來,
我為了照顧爸媽,
總是拋下他…
我真的好想他,
好想我們的家。

……

數天後,
在某個晴朗的午後…

媽媽…
姊姊…

是嗎…？
也許我真的可以
稍微卸下責任了吧？
我也確實很想回家…

於是，
我決定要回家了！

但是…

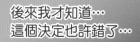

後來我才知道…
這個決定也許錯了…

還記得很多年前…

我考上了台灣的大學，
即將要離開故鄉。

我很快就把行李
收拾好了。

↖ 姊姊用過的
行李箱

鄉下孩子沒什麼家當，
只有筆記本、文具⋯

以及媽媽幫我燙得筆直的
幾件 T 恤、牛仔褲。

爸爸還幫我買了國民泡麵、
咖哩粉和辣椒醬——
這些故鄉的老味道。

他說到了台灣後，
會需要這些的。

雖然那個時候，
我還不能理解。

當年的我⋯
沒有一絲離愁。

即將展開新生活，
我的心情是興奮和
開心的。

但是…
到了離別的那一刻…

爸媽站在大門口
送我時…

我才突然發現，
此刻我是真的要
離開家了。

我忍不住鼻酸…
但是我長大了，
我不可以哭！
爸媽會擔心的！

於是我…
不敢再多看爸媽一眼，
快快轉過身去…

我邁開腳步…

頭也不回…

踏上了自己人生的旅程。

從我們鄉下…

到了首都車站，
轉車到機場，
要再花 1 個小時。

在機場候機的時間，
是 3 小時。

第一次
看到機票…

搭長途客運到首都吉隆坡，
要花 4 個小時。

而飛機飛到台北，
又是 4 個小時。

總共12小時，
約３千公里的路程…

這就是
我和爸媽的距離。

年輕時的我，
全然不知這段距離
所代表的意義…

這段距離代表了
「我可能會趕不回來。」

那個時候我選擇這條路，
便已註定了最後的結局…

多年來…

我每次離家，
都是一樣的場景…

爸媽站在門口
送我…

爸爸沉默不語，
只是面露擔心的神色…

而媽媽總是會
笑著說那一句…

順順利利、
平平安安喔！

而我也學會了
壓抑心中的情緒…
笑著道別。

一年…

又一年過去…

後來，爸爸走了，
只剩下媽媽一個人
站在門口…

媽媽的頭髮慢慢白了…
身形也變得佝僂…

但她依然…
每次都開朗地笑著送我。

長大後，
我懂了。

就像我每次都強忍淚水，
我想媽媽其實也一樣，
我們為了不讓對方擔心，
最後都是笑著揮別。

現在…

我又要準備離家了。

行李都收好了嗎?
姊姊開車來接妳了!

嗯!
都好了!
我馬上來!

長大之後，
我的行李裡面
除了工作用的筆電與工具，
其實還是裝滿了那些
國民泡麵和調味料。

現在我可以理解爸爸以前
為什麼買這些給我了…

因為人生中，
最讓人念念不忘的
不是山珍海味…

而是小時候你常吃的老味道，
那些會讓你想起「家」的味道。

年輕的時候,
我曾希望可以離家越遠越好,
只想到廣大的世界去冒險。

沒想到現在…

離家卻一次比一次難,
心一次比一次痛。

終於…

離別的時刻來臨了…

媽媽…

可是我哭的話…
媽媽不是會更難過嗎？
我、我得忍住…

……！

那……

而我因為強忍著淚水…
不敢再多看媽媽一眼！

我就這樣轉身，
再次頭也不回地…
離開了媽媽！

如果那個時候…
我有多握著媽媽的手一下、
多抱著她一會兒…

我的心是不是
就不會那麼痛了呢…？

這個問題
永遠沒有答案…

離開一個星期後，
我接到了姊姊的電話…

她告訴我…
媽媽開始進入
譫妄狀態了。

第 5 章

進入譫妄狀態

飛蛾撲火

什麼…!?

媽媽進入
臨終的譫妄狀態了!?
怎麼會…

上星期離開時，
媽媽明明還對我笑了…

原來…
那是媽媽給我的
最後笑容了嗎…

我馬上回去…

不——
我在想…

妳可以不用回來…
就算妳現在趕回來，
也已經來不及了。

一旦開始譫妄，
媽媽就不再是
原來的那個人了…

即使見到妳，
也不會認得妳、
知道妳回來了。

而且我有娃蒂，
我們這邊人手充足，
妳應該再休息一下！

上一次
妳照顧臨終的爸爸，
最後變得很慘…

這一次，
就由我來吧！

……！

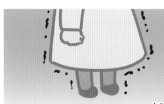

…的確。

其實光是聽到媽媽譫妄，
我就開始發抖了…

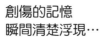

創傷的記憶
瞬間清楚浮現…

也許…
媽媽也會像爸爸那樣
生氣、憤怒…

她會恨我、
會罵我…

也許媽媽已經忘了我，
再也不愛我了！

但是…

我當然還是
要回去！

就算媽媽要折磨我，
我也甘願！

這是媽媽在世上
最後的時光了，
我說什麼也想要
和她在一起啊！

因為…
她是我最愛的媽媽！

於是，
我又開始打包行李，
要回家照顧媽媽了。

只回來一個星期，
工作也沒什麼進展，
這趟來回機票真是…

唉…算了…

我搭上當晚的飛機，
披星戴月飛了回去。

入夜之後，
飛機燈光調暗，
大家都睡著了，
只有我…
緊繃得睡不著…

凌晨四點多，
飛機抵達吉隆坡。

姊夫特地來接我。

因為我們都擔心媽媽…
不知還能撐多久。

自己開車
可以比較快到家。

終於…
我又回到家了…

妳回來啦！

姊姊…
看起來精神很差。

我知道的…
她只要睡不好就會
開始耳鳴、暈眩。

妳又失眠了對吧？
妳還叫我不要回來！
我怎麼能不回來啊？

除了因為媽媽…
其實我回來也是為了
要保護姊姊…

媽媽…
現在怎麼樣了？
她譫妄時…
會很兇嗎？

嗯…這個嘛…
妳去看看她吧…

媽媽…

媽！
我回來了！

妳的孩子…
回到妳身邊了！

但是妳…
還認得我嗎？

媽媽果然⋯
已經不認得我了啊⋯

兩隻老虎、
兩隻老虎
好危險！

媽媽從上星期
就在說這個了！

她的意思是
芭場裡有老虎，
然後這件事跟兒歌
有點混在一起了。

爸媽年輕時是農夫，
種植的是橡膠樹，
農地則位在深山之中。

我小時候
也去過那裡玩，
路途真的很遙遠。

但爸媽年輕時，
那片山有原始到
還有山虎嗎？

我也不知道…

※「芭場」是農地的馬來西亞用語。

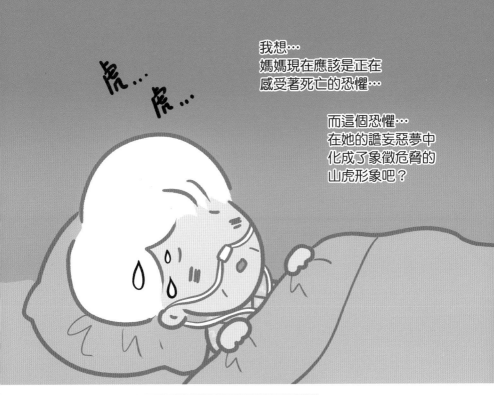

我想…
媽媽現在應該是正在
感受著死亡的恐懼…

而這個恐懼…
在她的譫妄惡夢中
化成了象徵危脅的
山虎形象吧？

不過，
我回來其實就是
為了這一刻。

我想要試試看…
我能不能扭轉
媽媽的惡夢！

喵～

其實我沒有想到…
媽媽這麼容易就相信我的話。

後來姊姊回家之後，
剩下我一個人時…

我偷偷地哭了。

媽媽相信我說的話…

這對我來說…
真的很重要。

因為爸爸臨終的時候
從來就不相信我…

爸爸因為譫妄產生許多幻覺，
我也曾努力嘗試配合他，
並轉移他的注意力…

有、有人！
有好多人
來抓我了！
嗚啊哇！

爸爸，來！
你躲在這裡面，
他們就抓不到你了…

妳騙我！妳騙我！我才不相信妳！

但無論我說什麼，他都不相信我，他會兇我、會罵我…

雖然我知道…爸爸這樣是因為腦部病變，已不再是原來的他了…

但是，我至今還是忍不住經常在想…也許這是我的錯？

是不是因為我走了爸爸不認同的路…沒有哥哥姊姊那麼優秀…

我不是他心目中的
好孩子…

所以他才會對我
連一點點的信任
都沒有…？

我知道我不該這樣解釋，
但我心裡就是有這個結。
而能解開結的人…
已經離我遠去了。

所以，
當我只剩下媽媽時⋯

我用盡全力，
常常回家照顧媽媽。

只要她需要我，
我一定會回去，

就算沒事，
也會回去常伴左右⋯

尤其是最後這幾年，
我簡直是刻意在爭取
她的信賴⋯

其實我是希望
惡夢不要重演…

也許我無法成為那種
能讓父母驕傲的孩子，
但我真的已經盡力了！

當最後時刻來臨時，
妳能不能相信我呢？
媽媽…

我的心已經滿是傷痕，
再也無法承受那些了…

…媽媽！

謝謝妳
真的相信我！

還有…
對不起！

請原諒我的不成熟！

因為我在妳生命的終站，
依然渴望妳愛我…

漫畫家的媽媽

或許是因為媽媽個性單純，
容易相信別人⋯

或是因為她本來就擅長
傾聽別人說話⋯

後來媽媽幾次譫妄，
很欣慰地她也都相信
我安撫她的話。

不過，
我知道這不一定
能歸功於平常的
信賴關係。

真正的原因不得而知。

但感謝天、感謝媽媽，
這一次的臨終照顧，
我不必再傷痕累累了…

媽，妳別怕！
我一定會帶妳找一條路，
不讓惡夢傷害妳！

我一定會…穩穩地
帶著妳走到彼方…

嗚…

開始了嗎？

兩、兩隻…

又要說老虎的
事情了嗎？

呃！
貓、貓跑去
哪裡了？

媽媽的夢境變了。

看來⋯
一個惡夢被化解後，
死亡的恐懼就會
變成另一種惡夢
再回來威脅媽媽。

那我就⋯
想個別的解法吧！

媽，妳還記得
阿旺嗎？

我剛才放阿旺上樓，
他已經把壞人
全都趕走了喔！

阿旺這麼大隻這麼兇——
壞人都不敢再來了！

阿旺是我家以前
養了十幾年的老狗。

爸爸過世之後，
牠便追隨主人逝世了。

但我想媽媽也許會
忘記阿旺過世的事。

喔…
是、是嗎？

好像是耶…
阿旺最可靠了！

太好了！
她這次也相信了…
媽媽安全了！

但是…！

呃⋯
那麼⋯

砰!砰!

我很幸運。
媽媽的譫妄就像是和我
玩一場故事接龍遊戲。

但願媽媽的想像力
可以一直這麼豐沛，
這個遊戲可以永遠玩下去⋯

我願意陪妳說上
一千零一夜的故事⋯

雖然我們擁有的時間
可能並不多了⋯

約定

媽媽的譫妄大多是
老虎、壞人之類的
危險的夢境。

但其中有一個夢境，
是很特別的。

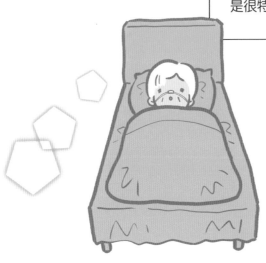

那個夢裡沒有任何威脅，
反而出現了熟悉的人…

啊啊…

媽，
怎麼了？

不喜歡痛痛…
帶我回家…
阿爸阿媽…

她已忘了在這塵世
數十年的歲月…

她只想回家…
回到孩提時光、
回到爸爸媽媽身邊。

…我心裡
其實默默相信了…

媽媽是真的看到了
外公外婆的靈魂，
他們來接自己的小女兒了…

媽…
是啊，外公外婆來了…
妳可以跟他們走喔！

妳的孩子們都會好好的，
妳可以放心走了喔！

後來，
她每次說爸媽來了時，
我也都會這麼回她。

然後…

等到有一天
我要離開這世界時，
妳也要和爸爸一起
來接我喔！好嗎？

媽媽沒有回我。

但我心裡…
就當作她已經聽見了。

媽，
我們約好了喔…

永不消逝的愛

於是，
一夜又一夜過去…

每晚都接住媽媽的惡夢，
我開始累了…

但這次的情況，
無論如何都比爸爸
臨終時來得好。

啊，
天亮了…

首先是媽媽不畏光，
白天時我可以保持家裡
明淨敞亮。

而且，
還多了娃蒂這個
專業的助力。

陽光對我真的很重要…
雖然心在悲傷的冰冷深淵裡，
至少仍能感受到身體是溫暖的。

娃蒂替我分擔了
非常多的勞務，
讓我不需忙得雞飛狗跳。

她每天都幫媽媽
打理身體。

即便到了這個時候，
媽媽依然頭髮柔順、
衣著整齊。

空氣中也沒有
任何難聞的味道。

媽媽…
維持了她的尊嚴。

她雖然要走了，
但仍然「像個人」。
沒有不成人形…

我感到非常安慰，
因為這些是我一個人
很難做好的事。

還有一件事…
我真的做不到。

現在媽媽其實
已經不進食了，
只需要持續服用
液體嗎啡。

我知道那是止痛藥，
但我真的不忍心
餵媽媽喝那種東西…
而且藥量還越來越多…

多虧有娃蒂，
她擔下這些工作。

不然我的心，
一定會受更多的傷吧…

娃蒂，
真的謝謝妳！

雖然妳說
那只是妳的工作、
沒什麼。

但在我眼裡妳就像天使，
拯救了我們一家人。

也差不多是在這時，
風雨故人來——

媽媽的妹妹——
我的阿姨來訪。

就是十幾年前
媽媽在新加坡治療癌症時，
收留我們、照顧我們的
那位阿姨。

阿姨在我們家，
完全不會擺出長輩的架子，

甚至主動幫我們做家事、
跟我們姊妹輪流守夜…

當我們姊妹其中一人
要臨終時，

情景也許就像這樣吧…

不論是誰先面對這件事，
姊姊一定會來陪著我，
我也一定會去陪姊姊。

危險的要求

就在這個時期…

某一天，
有個特別的狀況發生了。

那天本來
一切如常。

我和媽媽玩完
「故事接龍」後，
她沉沉睡去了…

快點…

咦？媽媽又
醒來了嗎？

一刀刺死我！
快點…！

她也許是…
突然清醒了？
發現自己很痛苦
想求一個解脫？

但媽媽完全沒有
說別的事情，
也沒有叫我的名字，
只是反覆要求著我…

所以這只是我的猜測，
也許媽媽仍然在譫妄吧？

我當然沒有照她的話去做。

只是先安撫她，
但感覺她好像沒有
在聽我說話…

當天稍晚，
她也反覆要求其他人
殺了她。

後來，她沉沉睡去…

之後的日子，
又開始像之前那樣譫妄，
沒有再出現今天的情況。

…我想起爸爸臨終時，
其實也跟我說過──

我不怕死！
可是要我這樣
慢慢死…
我真的受不了…

我也想到了
我自己…

假如將來我走到了
醫生已經做出判斷的最後階段，
我該如何面對死亡前的餘命？

那是一條如此漫長
又痛苦的道路…

這個問題…

我想我還需要花許多年
反覆思考。

希望…
我能來得及想出
屬於我自己的解答…

媽媽如常譫妄、
我如常安撫的日子，
又過了數天後…

一個無法被安撫的
譫妄出現了。

媽，沒關係喔！
消防隊已經來了！
沒事了！

火…！
著火了！

還有火！
還有火！

救命啊！

媽媽似乎進入了
火災的幻境…
不管我如何試著
轉移她的夢境，
她都聽不進去。

救、救命啊！

所有其他的譫妄，
老虎、壞人…
自此都不見了。

媽媽每天不斷重複地
夢見這場火災。

而且不同於以往的溫和譫妄，
媽媽現在非常激動，
手會不停揮舞、也會嘗試下床。

雖然不應該這麼說…
但幸好她失能，無法真的下床，
不然就會衍生更多的危險。

我們把床欄架了起來，
以防她摔落受傷。

難道媽媽曾經有
火災的經歷？

妳外公家
不曾有啊…

我們也沒有
這個印象…

所以…
並不是心理創傷。

回想媽媽
這一路以來的譫妄，
都是死亡恐懼引起的
威脅式夢境。

這次或許也是
類似的吧…？

其實…

我很高興媽媽從來沒有
像爸爸那樣出現遺憾或
創傷式的譫妄。

我想媽這些年
是真的放下了…

她把所有的功課修完了，
只剩下面對死亡的恐懼——
這最後一關要過。

不過…

187

她也沒有牽掛…

爸爸曾一直牽掛孫子們，
但媽媽似乎連她生過小孩的事
都忘了一般。

她記得阿旺，
也認得喵喵，
但從來沒有提起過我，
也不認得我…

媽媽啊…

在妳心中的我，
躲藏到記憶的哪個角落了呢？

我的確有些失落…

不過，妳忘了我也好，
這樣妳就無牽無掛了…

救、
救命！

快拉！
拉！

媽媽好像一直夢到
她在火海裡，
要靠一條繩索逃命。

而我們只好配合，
一直假裝拉繩子
「拯救」她。

一天、兩天、三天後…
每天重複拉繩子救命的戲碼，
大家都有點累了。

不過…
沒關係。

我願意救媽媽，
無論要重複救多少次，
我都願意。

只是…
我以為自己是在救媽媽，
但其實不是…

在後來的某個深夜，
我才發現媽媽的祕密…

長久以來…
我歷經爸爸的臨終照顧
和媽媽的多次入院…

那些苦和累，
媽媽都看在眼裡。

我現在才明白，
也許她認為我的苦
就像在一場火裡。

媽媽早已忘了
自己一生的所有苦難創傷,
也不再對死亡感到恐懼。

但在生命結束前,
她唯一放不下的、
唯一牽掛著的…

……竟然是我。

之後，
每次媽媽進入「火場」，
我都這樣安慰她。

雖然她都聽不進去…
依然每天嚷著要救火。

「火場」是媽媽的最後一種譫妄症狀，
也是媽媽最後一次表達她愛我…

我會記住媽媽的愛，
永永遠遠…

第 7 章

總有一天會再見

某一天…
媽媽終於再也不救火了。

她完全失去了意識，
醫生判斷她的時間不多了。

這個時候…
是2020年的一月份，
農曆年將近。

年假開始，
大哥、小哥也
回來家裡了。

我家終於…
全員到齊。

媽媽一定很開心吧？
雖然她現在無意識了…

但以往每年團聚，
最開心的就是媽媽了…

今年恐怕…
就是我們家最後的團圓，
以後將各分東西了吧？

其實我還是…
愛著哥哥們的。

畢竟最後這一段長照路
引起的不快，
仍無法抹滅一生中
所有其他快樂時光。

我依然記得成長過程中
他們對我的好。

而且，
在媽媽最後的
這一場病…

小哥曾回家
帶媽媽到醫院看病，
也有幫忙守了
兩三個晚上。

對我來說，
我的要求其實就這麼簡單，
這樣真的就夠了。

這就已經算是
有「出手」幫忙過了。

以後我仍然願意把小哥視為家人。

但是大哥…
我也不想再說他什麼了。

但或許我是可以
理解他的。

我爸媽是貧農。

出生在這樣辛苦的家庭，
身為長子的哥哥，
20幾歲就在幫忙家計…

雖然我們家每個孩子
長大後都是這樣付出…
但他比我年長11歲，
確實也比我早承擔了11年。

所以他不願參與
爸媽最後的一役…
或許也算公平吧？

哥，你年輕時承擔了爸媽，
我則在爸媽晚年時承擔了他們。

我們之間
互欠的恩情便已經還清了，
今生的緣分就到這裡吧…

哥，其實我懂…

沒有我們，
或許你能活得更好…
我願意祝福你。

…農曆年開始了。

街頭巷尾響起鞭炮，
歡慶聲不絕於耳。

只有我們家，
安安靜靜地像在守靈。

其實也是
即將要守靈了沒錯。

但被醫生判定
這幾天就會走的媽媽⋯
超過時間了依然沒走。

我在猜⋯
媽媽也許在冥冥中
知道這個家即將要
離散了。

所以她撐著⋯撐著⋯
想要和自己的孩子們在一起⋯
再多一點點時間也好。

手足的義務

那天晚上，
是我和姊姊一起守夜。

兩個人守夜真的是
最沒有效率的做法，
兩個人會一起累死。
但姊姊說…

我一個人會怕，
妳能不能陪我？

但…
「那一天」終於
還是來了。

所以…
傻姊姊和傻妹妹
便一起守夜了。

到了深夜，
我們在沙發上
躺著休息。

朦朦朧朧間…

咦?
媽媽使用呼吸器的呼吸聲
好像突然間變弱了?

我跳起來,
看見姊姊在哭。

媽媽…
呼吸明顯比之前
微弱很多。

於是我知道,
時候到了…

我馬上大叫，
把所有人都叫起來。

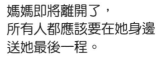

媽媽即將離開了，
所有人都應該要在她身邊
送她最後一程。

我們圍繞著媽媽，
她的表情安詳平靜，
呼吸越來越微弱…

卻遲遲沒有離開，
彷彿被什麼東西
拖住了一般…

我們沒有人敢動這個手…

我想這是我身為手足，
最後能為姊姊做的。

阿姨…！

再見了，
媽媽…

我們終有一天，
還會再見面的…
對吧？

再見了…

葬禮結束後⋯

我們也將離開這個家了。

這個家——
這棟房子
是姊姊買的，
自然歸還姊姊。

爸媽沒有留下什麼
其他遺產給我們。

因為他們早年
努力工作的所得，
已經全部挹注在
我們的教育費上。

不過,
家裡還有一些有感情的老東西,
我們各自拿了一樣作為紀念。

姊姊拿了
媽媽的縫衣車。

這可是用腳來驅動的
古老機械式縫衣車。

媽媽用它縫縫補補
我們從小的衣物,
也用它來接零工貼補家用。

小哥拿了
媽媽的熨斗。

現在可能難以想像，
但我們小時候那個年代，
這熨斗是用燒紅的木炭
來運作的呢！

我們從小到大的校服，
媽媽就是用它燙得筆直。

至於我⋯
我想要拿爸爸的
上發條式老掛鐘。

它陪伴我們家
走過了一輩子的時間。

但鐘太大了，
我無法帶出國。

最後我只拿了一把
媽媽曬好的陳年奶白菜乾。

這是媽媽最後的味道。

而大哥…

他什麼都沒拿就離開了，
他早就不再牽掛
這個家的任何事物了。

我們離開後…

姊姊偶爾會回來
整理空屋。

她告訴我她會幫掛鐘上發條，
掛鐘至今依然如常運作著。

此刻，老掛鐘的滴答滴答聲，
一定仍在空屋裡迴盪著吧⋯

彷彿所有歲月不曾流逝，
時光仍凝結在我們一家人
相聚的那一刻⋯

後記

最後，
我想要感謝一個人。

其實這麼多年來，
我很幸運的一直有一個
心靈依靠。

那個人，
就是我的老公。

我回家照顧爸媽時，
老公每天都會
打國際電話給我。

我把所有的悲傷
都向他傾訴…

他從來不嫌我囉唆，
也不怪我總是在說
可怕又沉重的事。

來，看看你
最愛的橘貓～

雖然他無法在我身邊，
但每天的這通電話，
給了我重要的支持力量。

我每次突然就丟下他
離家去照顧爸媽，
他也從來不多說什麼。

我媽
又生病了…

我來幫忙買
你要帶回家的東西！
列清單給我吧！

我每次都變成
破抹布般地回來…
他還是不會多說什麼，
只有關懷和照顧。

我回來了…

餓了嗎？
要吃什麼？

爸爸逝世之後，
我領悟到必須對家人
表達自己的愛。

而最大的受惠者，
就是我老公。

老公，
我愛你！

我常常對他表達愛意。

喔呵呵呵～
我也愛妳喔～

老公，我好累喔…
可是今天輪到我打掃…

我來掃！

交往20年來，
無論我的狀態好壞，
我心靈灰暗的時候，
他一定會陪著我。

我狀態好時，
他也開心地
陪在我身邊。

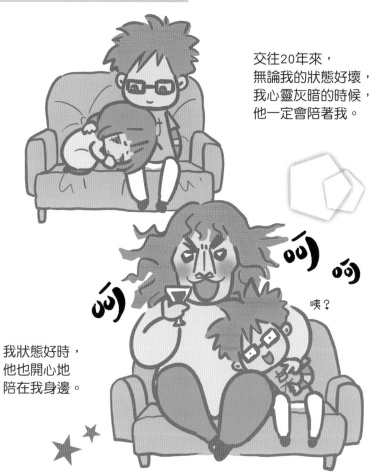

呀

呀

咦？

他從來沒有改變。

如果世上真的有所謂的
「靈魂伴侶（soulmate）」，
我很肯定他就是我的靈魂伴侶。

跟他在一起，
我一直都很幸福。

然而在這樣的幸福當中…

有時候，
我還是會忍不住想到一件事…

那就是有一天我或許…
必須迎接伴侶的死亡。

男女的
壽命統計…

其實…
這比起雙親死亡
更為可怕…

這不是杞人憂天，
而是我不再假裝死亡
這件事不存在了。

無常老師隨時會來敲門，
我們並沒有無限的明天。

我們明明知道，
卻往往覺得日常是理所當然的，
可以被任意揮霍。

有一天…
這一切都將結束…

因為有了這個體認，
我開始更珍惜身邊的人、
更珍惜現在。

並祈禱明天…
都能平安到來。

我是
照顧者